D1213803

De:

Fecha:

Mensaje:

El poder de la
MUJER®
que ORA

STORMIE OMARTIAN

Unilit   Sepa

Publicado por
Unilit
Miami, FL 33172

© 2005 Editorial Unilit (Spanish translation)
Primera edición 2005
Primera edición 2013 (Serie Bolsillo)

© 2004 por Stormie Omartian
Originalmente publicado en inglés con el título:
The Power of a Praying® Woman Book of Prayers
por Harvest House Publishers
Eugene, Oregon 97402
www.harvesthousepublishers.com
Todos los derechos reservados.

Traducción: Nancy Pineda

A menos que se indique lo contrario, el texto bíblico ha sido tomado de la
Santa Biblia, *Nueva Versión Internacional* ®NVI®. Propiedad literaria
© 1999 por Biblica, Inc. ™. Usado con permiso. Reservados todos los derechos
mundialmente.
El texto bíblico señalado con RV-60 ha sido tomado de la versión Reina Valera
© 1960 Sociedades Bíblicas en América Latina; © renovado 1988 Sociedades
Bíblicas Unidas. Utilizado con permiso.
Reina-Valera 1960® es una marca registrada de la American Bible Society,
y puede ser usada solamente bajo licencia.
Las citas bíblicas señaladas con DHH se tomaron de *Dios Habla Hoy*, la Biblia
en Versión Popular. © 1966, 1970, 1979 por la Sociedad Bíblica Americana,
Nueva York.
Las citas bíblicas señaladas con LBLA se tomaron de la Santa Biblia, *La Biblia
de Las Américas*. © 1986 por The Lockman Foundation.
Usadas con permiso.

Producto 499153
ISBN 0-7899-2095-6
ISBN 978-0-7899-2095-9
Impreso en Colombia
Printed in Colombia

Categoría: Vida cristiana/Crecimiento espiritual/Oración
Category: Christian Living/Spiritual Growth/Prayer

Introducción

En nuestra vida, existen muchas cosas por las cuales orar, y es difícil pensar en todas. Es por eso que he encontrado este libro de oraciones muy útil para usar todos los días. Es fácil de colocar en una cartera, deslizarlo en un maletín o ponerlo en la guantera del auto. Las oraciones en este libro no ocupan el lugar de mis oraciones diarias, pero me ayudaron a comenzar. Cuando digo estas oraciones, recuerdo otras cosas por las que necesito orar también. Utilizo este libro de oraciones porque no puedo pensar en todo, pero quiero que mi vida se cubra por completo en oración.

El propósito de este libro es ayudar a mantenerte anclada de manera espiritual y a que tengas en mente quién eres en el Señor. Estas oraciones te permitirán acercarte más a Dios y conocerlo mejor. Serán un recurso para suavizar tu sendero y hacer tu camino sencillo a medida que le pides a Dios que lleve las complejidades de tu vida por ti. Liberarán tu mente de las preocupaciones sobre si oraste por los aspectos importantes de tu situación. Estas oraciones te ayudarán a saber si estás en el centro de la voluntad de Dios y cumples el propósito que tiene Él para ti.

Stormie Omartian

*Plantados en la casa del Señor, florecen en los
atrios de nuestro Dios. Aun en su vejez, darán
fruto; siempre estarán vigorosos y lozanos,
para proclamar: «El Señor es justo; él es mi
Roca, y en él no hay injusticia».*

Salmo 92:13-15, NVI

Señor, llévame a un andar más íntimo contigo

Señor, me acerco a ti este día, agradecida de que te acercarás a mí como prometes en tu Palabra (Santiago 4:8). Anhelo habitar en tu presencia y mi deseo es conocerte en cada forma en que puedes ser conocido. Enséñame lo que necesito para que te pueda conocer mejor. No deseo ser de las personas que «siempre están aprendiendo, pero nunca logran conocer la verdad» (2 Timoteo 3:7, NVI). Quiero saber la verdad acerca de quién eres, pues sé que estás cerca de todos los que te invocan de veras (Salmo 145:18).

Yo le pediré al Padre, y él les dará otro Consolador
para que los acompañe siempre: el Espíritu de verdad,
a quien el mundo no puede aceptar porque no lo
ve ni lo conoce. Pero ustedes sí lo conocen,
porque vive con ustedes y estará en ustedes.

JUAN 14:16-17, NVI

Notas de la oración

Señor, llévame a un andar más íntimo contigo

Señor, ayúdame a reservar un tiempo cada día para encontrarme a solas contigo. Mientras vengo ante ti, enséñame a orar como tú quieres que lo haga. Ayúdame a aprender más de ti. Señor, tú has dicho: «Si alguno tiene sed, venga a mí y beba» (Juan 7:37). Tengo sed por más de ti, pues sin ti estoy en el desierto. Vengo a ti en este día y bebo en abundancia de tu Espíritu. Sé que estás en todas partes, pero también sé que hay manifestaciones más profundas de tu presencia que anhelo experimentar. Llévame más cerca de ti para que pueda habitar en tu presencia como nunca antes.

Acérquense a Dios, y él se acercará a ustedes.

Santiago 4:8, NVI

Notas de la oración

_____
_____
_____
_____
_____
_____
_____
_____
_____
_____
_____
_____

Señor, límpiame y haz mi corazón recto delante de ti

Señor, vengo con humildad delante de ti y te pido que limpies mi corazón de cada falta y que renueves un espíritu recto dentro de mí. Perdona los pensamientos que he tenido, las palabras que he hablado y las cosas que he hecho que no te han glorificado y que están en directa contradicción con tus mandamientos. Sobre todo, confieso ante ti (nombra cualquier pensamiento, palabra o acción que sabes que no agrada a Dios). Lo confieso como pecado y me arrepiento de ello. Decido alejarme de este patrón de pensamiento o de acción y vivir a tu manera. Sé que eres «bondadoso y compasivo, lento para la ira y lleno de amor» (Joel 2:13, NVI). Perdóname por dar esto por sentado.

Si confesamos nuestros pecados, él es fiel
y justo para perdonar nuestros pecados,
y limpiarnos de toda maldad.

1 Juan 1:9

Notas de la oración

_____
_____
_____
_____
_____
_____
_____
_____
_____
_____
_____
_____

Señor, límpiame y haz mi corazón recto delante de ti

Señor, te ruego que tengas «piedad de mí, oh Dios, conforme a tu misericordia; conforme a la multitud de tus piedades borra mis rebeliones [...] Crea en mí, oh Dios, un corazón limpio, y renueva un espíritu recto dentro de mí. No me eches de delante de ti, y no quites de mí tu santo Espíritu» (Salmo 51:1, 10-11). «Ve si hay en mí camino de perversidad, y guíame en el camino eterno» (Salmo 139:24). Muéstrame la verdad acerca de mí misma a fin de que vea con claridad. Hazme limpia y recta delante de ti. Quiero recibir tu perdón para que vengan a mí tiempos de refrigerio desde tu presencia (Hechos 3:19).

Te confesé mi pecado, y no te oculté mi maldad.
Me dije: «Voy a confesar mis transgresiones al Señor»,
y tú perdonaste mi maldad y mi pecado.

Salmo 32:5, nvi

Notas de la oración

_____
_____
_____
_____
_____
_____
_____
_____
_____
_____
_____
_____
_____

Señor, ayúdame a ser perdonadora

Señor, ayúdame a ser perdonadora. Muéstrame cuándo no lo soy. Si tengo algún enojo, amargura, resentimiento o falta de perdón que no esté reconociendo, revélamelo y lo confesaré a ti como pecado. De manera específica te pido que me ayudes a perdonar por completo a (nombra a alguien que sientas que necesitas perdonar). Hazme comprender la profundidad de tu perdón hacia mí a fin de que no guarde ninguna falta de perdón hacia otros. Reconozco que el perdonar a alguien no hace que esa persona se corrija; me libera a mí. También reconozco que solo tú sabes la historia completa y verás que se haga justicia.

La discreción del hombre le hace lento
para la ira, y su gloria es pasar por
alto una ofensa.

PROVERBIOS 19:11, LBLA

Notas de la oración

_____
_____
_____
_____
_____
_____
_____
_____
_____
_____
_____
_____
_____

Señor, ayúdame a ser perdonadora

Señor, no quiero que nada se interponga entre tú y yo, ni quiero que mis oraciones las interfieran pecados que anidan en mi corazón. En este día decido perdonar a todos y a todo, y caminar libre de la muerte que trae la falta de perdón. Si alguna persona tiene falta de perdón hacia mí, te pido que ablandes su corazón para que me perdone y muéstrame qué puedo hacer para resolver este asunto entre nosotros. Sé que no puedo ser una luz para otros mientras camine en la oscuridad de la falta de perdón. Opto por caminar en la luz, como tú estás en la luz, y ser limpia de todos mis pecados (1 Juan 1:7).

No juzguen, y no se les juzgará. No condenen,
y no se les condenará. Perdonen,
y se les perdonará.

LUCAS 6:37, NVI

Notas de la oración

_____
_____
_____
_____
_____
_____
_____
_____
_____
_____
_____
_____
_____

Señor, enséñame a caminar en obediencia a tus caminos

Señor, tu Palabra dice que hay mucha paz para los que aman tu ley y que no habrá para ellos tropiezo (Salmo 119:125). Amo tu ley porque sé que es buena y está allí para mi beneficio. Permíteme vivir en obediencia cada parte de ella de modo que no tropiece y caiga. Ayúdame a obedecerte para que pueda habitar en confianza y paz sabiendo que vivo en tu camino. Mi corazón quiere obedecerte en todas las cosas, Señor. Muéstrame dónde no lo estoy haciendo. «Con todo mi corazón te he buscado; no me dejes desviarme de tus mandamientos» (Salmo 119:10).

El que tiene mis mandamientos, y los guarda,
ese es el que me ama; y el que me ama,
será amado por mi Padre, y yo le amaré,
y me manifestaré a él.

JUAN 14:21

Notas de la oración

_____
_____
_____
_____
_____
_____
_____
_____
_____
_____
_____
_____
_____

Señor, enséñame a caminar en obediencia a tus caminos

Señor, tu Palabra dice que «si decimos que no tenemos pecado, nos engañamos a nosotros mismos, y la verdad no está en nosotros» (1 Juan 1:8). No quiero engañarme a mí misma por no preguntarte dónde estoy fallando en lo que estableciste para mi vida. Muéstrame si estoy haciendo cosas que no debo. Ayúdame a escuchar tus instrucciones específicas para mí. Háblame con claridad a través de tu Palabra a fin de que sepa lo que está bien y lo que está mal. No quiero entristecer al Espíritu Santo con nada de lo que hago (Efesios 4:30). Ayúdame a seguir aprendiendo siempre sobre tus caminos de modo que logre vivir en la plenitud de tu presencia y avance hacia todo lo que tienes para mí.

El que guarda sus mandamientos,
permanece en Dios, y Dios en él.
Y en esto sabemos que él permanece en nosotros,
por el Espíritu que nos ha dado.

1 JUAN 3:24

Notas de la oración

_____
_____
_____
_____
_____
_____
_____
_____
_____
_____
_____
_____
_____

Señor, fortaléceme para resistir al enemigo

Señor, gracias por sufrir y morir en la cruz por mí, y por levantarte de nuevo de la derrota de la muerte y el infierno. Mi enemigo está derrotado a causa de lo que hiciste. Gracias porque me has dado toda autoridad sobre él (Lucas 10:9). Muéstrame cuándo no reconozco la intromisión del enemigo en mi vida. Enséñame a usar la autoridad que me has dado para verlo derrotado en cada esfera. Ayúdame a orar y ayunar con regularidad a fin de ser capaz de destruir cualquier fortaleza que el enemigo intente erigir en mi vida. Por el poder de tu Espíritu Santo puedo resistir con éxito al diablo y él debe huir de mí (Santiago 4:7).

Fortaleceos en el Señor, y en el
poder de su fuerza. Vestíos de toda la
armadura de Dios, para que podáis estar
firmes contra las asechanzas del diablo.

EFESIOS 6:10-11

Notas de la oración

_____
_____
_____
_____
_____
_____
_____
_____
_____
_____
_____
_____
_____

Señor, fortaléceme para resistir al enemigo

Señor, sé que en medio de la batalla no debo ser cobarde. No debo tener miedo frente al enemigo (Deuteronomio 20:3). Gracias porque aunque el enemigo trate de capturarme para hacer su voluntad, tú me has dado el poder para escapar por completo de sus trampas (2 Timoteo 2:26). Gracias porque tú eres mi escudo por vivir en tus caminos (Proverbios 2:7). Ayúdame a no ser «vencido por lo malo», sino dame la fortaleza para «vencer con el bien el mal» (Romanos 12:21). Escóndeme en lo secreto de tu presencia de la conspiración del hombre (Salmo 31:20). El enemigo nunca me derribará mientras permanezca firme en ti.

Cuando pasa el torbellino, ya no existe el impío,
pero el justo tiene cimiento eterno.

PROVERBIOS 10:25, LBLA

Notas de la oración

_____
_____
_____
_____
_____
_____
_____
_____
_____
_____
_____
_____
_____

Señor, muéstrame cómo tomar el control de mi mente

Señor, no quiero vivir de acuerdo a mi propio pensamiento (Isaías 65:2). Quiero llevar todo pensamiento cautivo y controlar mi mente. Tu Palabra «discierne los pensamientos y las intenciones del corazón» (Hebreos 4:12). Al leer tu Palabra, haz que me revele cualquier mal pensamiento en mí. Que tu Palabra se grabe de tal manera en mi mente que sea capaz de identificar una mentira del enemigo en el momento que la escucho. Espíritu de Verdad, guárdame del engaño. Sé que me has dado autoridad «sobre todo el poder del enemigo» (Lucas 10:19, LBLA), y por eso le ordeno al enemigo que salga de mi mente. Me niego a escuchar sus mentiras.

Renovaos en el espíritu de vuestra mente,
y vestíos del nuevo hombre, creado según Dios
en la justicia y santidad de la verdad.

EFESIOS 4:23-24

Notas de la oración

_____
_____
_____
_____
_____
_____
_____
_____
_____
_____
_____
_____
_____

Señor, muéstrame cómo tomar el control de mi mente

Señor, no quiero tener pensamientos fútiles ni tontos, ni darle lugar a pensamientos que no te glorifican (Romanos 1:21). Gracias porque tengo «la mente de Cristo» (1 Corintios 2:16). Quiero que tus pensamientos sean mis pensamientos. Muéstrame dónde he llenado mi vida con cosas impías. Ayúdame a que me niegue a hacer eso y en su lugar llena mi mente con pensamientos, palabras, música e imágenes que te glorifiquen. Ayúdame a pensar en todo lo que es verdadero, noble, justo, puro, amoroso, de buen nombre, virtuoso y digno de alabanza (Filipenses 4:8). Reclamo el «dominio propio» que me has dado (2 Timoteo 1:7).

No os conforméis a este siglo, sino transformaos
por medio de la renovación de vuestro
entendimiento, para que comprobéis cuál
sea la buena voluntad de Dios,
agradable y perfecta.

ROMANOS 12:2

Notas de la oración

Señor, gobiérname en cada esfera de mi vida

Señor, me inclino ante ti este día y declaro que tú eres Señor sobre cada esfera de mi vida. Me entrego a mí misma y a mi vida a ti y te invito a que gobiernes cada parte de mi mente, alma, cuerpo y espíritu. Te amo con todo mi corazón, con toda mi alma y con toda mi mente. Me comprometo a confiar en ti con todo mi ser. Permite que me niegue a mí misma a fin de tomar mi cruz cada día y seguirte. (Lucas 9:23). Quiero ser tu discípula como dijiste en tu Palabra (Lucas 14:27). Quiero perder mi vida en ti para poder salvarla (Lucas 9:24).

Si vivimos, para el Señor vivimos; y si morimos,
para el Señor morimos. Así pues, sea que vivamos,
o que muramos, del Señor somos.

ROMANOS 14:8

Notas de la oración

_____
_____
_____
_____
_____
_____
_____
_____
_____
_____
_____
_____
_____
_____

Señor, gobiérname en cada esfera de la vida

Señor, mi deseo es agradarte y no negarte nada. Te entrego mis relaciones, mis finanzas, mi trabajo, mi recreación, mis decisiones, mi tiempo, mi cuerpo, mi mente, mi alma, mis deseos y mis sueños. Los pongo en tus manos para que se puedan usar para tu gloria. Declaro en este día que «con Cristo estoy juntamente crucificado, y ya no vivo yo, mas vive Cristo en mí; y lo que ahora vivo en la carne, lo vivo en la fe del Hijo de Dios, el cual me amó y se entregó a sí mismo por mí» (Gálatas 2:20). Gobierna cada esfera de mi vida, Señor, y guíame hacia todo lo que tienes para mí.

Por tanto, de la manera que habéis recibido
al Señor Jesucristo, andad en él; arraigados
y sobreedificados en él, y confirmados en la fe,
así como habéis sido enseñados, abundando
en acciones de gracias.

COLOSENSES 2:6-7

Notas de la oración

_____
_____
_____
_____
_____
_____
_____
_____
_____
_____
_____

Señor, llévame más profundo en tu Palabra

Señor, «tu palabra es una lámpara a mis pies; es una luz en mi sendero» (Salmo 119:105, NVI). Permíteme conocer en verdad su significado más profundo. Dame un mayor entendimiento del que he tenido jamás, y revélame los tesoros secretos escondidos allí. Te ruego que tenga un corazón enseñable y abierto a lo que tú quieras que sepa. Cámbiame a medida que la lea. Ayúdame a ser diligente en poner con fidelidad tu Palabra dentro de mi alma cada día. Muéstrame dónde estoy perdiendo tiempo que podría emplear mejor leyendo tu Palabra. Dame la habilidad para memorizarla. Grábala en mi mente y en mi corazón de modo que se convierta en parte de mí.

El que mira atentamente en la perfecta ley,
la de la libertad, y persevera en ella, no siendo
oidor olvidadizo, sino hacedor de la obra, este
será bienaventurado en lo que hace.

Santiago 1:25

Notas de la oración

_____
_____
_____
_____
_____
_____
_____
_____
_____
_____
_____
_____
_____

Señor, llévame más profundo en tu Palabra

Señor, recuérdame quién eres y cuánto me amas. Que me dé la seguridad de saber que mi vida está en tus manos y que suplirás todas mis necesidades.

Gracias, Señor, porque cuando miro tu Palabra te encuentro a ti. Dame oídos para reconocer tu voz que me habla cada vez que la leo (Marcos 4:23). Cuando escucho tu voz y te sigo, mi vida es plena. Cuando me aparto del camino que tienes para mí, mi vida está vacía. Guíame, perfeccióname y lléname con tu Palabra en este día.

Bienaventurado el varón que no anduvo en
consejo de malos, ni estuvo en camino de pecadores,
ni en silla de escarnecedores se ha sentado; sino que en la
ley de Jehová está su delicia, y en su ley medita de día
y de noche. Será como árbol plantado junto a corrientes
de aguas, que da su fruto en su tiempo, y su hoja no cae;
y todo lo que hace, prosperará.

SALMO 1:1-3

Notas de la oración

_____

_____

_____

_____

_____

_____

_____

_____

_____

_____

_____

_____

_____

Señor, instrúyeme mientras pongo mi vida en su debido orden

Señor, te pido que me ayudes a poner mi vida en el orden adecuado. Quiero ponerte siempre a ti en el primer lugar, por encima de todo lo demás en mi vida. Enséñame cómo amarte con todo mi corazón, mi mente y mi alma. Muéstrame cuando no lo esté haciendo. Muéstrame si he levantado mi alma hacia un ídolo. Mi deseo es servirte a ti y solo a ti. Ayúdame a vivir de acuerdo a esto. Dame un corazón sumiso. Ayúdame a someterme siempre a las autoridades que gobiernan y a las debidas personas en mi familia, trabajo e iglesia. Muéstrame cuáles son las adecuadas autoridades espirituales en mi vida. Llévame a la iglesia donde tú quieres que esté.

Obedezcan a sus dirigentes y sométanse a ellos,
pues cuidan de ustedes como quienes tienen que rendir
cuentas. Obedézcanlos a fin de que ellos cumplan su
tarea con alegría y sin quejarse, pues el quejarse
no les trae ningún provecho.

HEBREOS 13:17, NVI

Notas de la oración

_____
_____
_____
_____
_____
_____
_____
_____
_____
_____
_____
_____

Señor, instrúyeme mientras pongo mi vida en su debido orden

Señor, ayúdame a someterme de manera voluntaria a otros donde necesite hacerlo. Muéstrame con claridad a quién debo someterme y cómo debo hacerlo. Dame discernimiento y sabiduría en cuanto a esto. Muéstrame cada vez que no me esté sometiendo a las personas adecuadas en el momento oportuno.

Sé que si mi vida no está en un buen orden, no recibiré las bendiciones que tienes para mí. Sin embargo, también sé que si te busco primero, todo lo que necesito me será añadido (Mateo 6:33). Te busco primero en este día y te pido que me permitas poner mi vida en el orden perfecto.

El que halla su vida, la perderá;
y el que pierde su vida por causa
de mí, la hallará.

MATEO 10:39

Notas de la oración

_____
_____
_____
_____
_____
_____
_____
_____
_____
_____
_____
_____

Señor, prepárame para ser una verdadera adoradora

Señor, no hay fuente de mayor gozo para mí que adorarte a ti. Vengo ante tu presencia con acción de gracias y me inclino ante ti en este día. Exalto tu nombre porque eres grande y digno de alabanza. «Tú diste alegría a mi corazón» (Salmo 4:7). Todo honor y majestad, fuerza y gloria, santidad y rectitud son tuyas, oh Señor. Eres «clemente y compasivo, lento para la ira y grande en amor» (Salmo 145:8, NVI). Tienes «mucho poder» y tu «entendimiento es infinito» (Salmo 147:5). Tú das alimento al hambriento y libertad a los prisioneros. Abres los ojos a los ciegos y levantas a los caídos (Salmo 146:7-8).

El que ofrece sacrificio de acción de
gracias me honra; y al que ordena bien su camino,
le mostraré la salvación de Dios.

SALMO 50:23, LBLA

Notas de la oración

_____
_____
_____
_____
_____
_____
_____
_____
_____
_____
_____
_____

Señor, prepárame para ser una verdadera adoradora

Señor, enséñame a adorarte con todo mi corazón de la forma que tú quieres que lo haga. Hazme una verdadera adoradora, Señor. Que alabarte y adorarte a ti sea mi primera reacción en cada circunstancia. Alabo tu nombre en este día, Señor, porque tú eres bueno y para siempre es tu misericordia (Salmo 136:1). «Porque mejor es tu misericordia que la vida; mis labios te alabarán. Así te bendeciré en mi vida; en tu nombre alzaré mis manos» (Salmo 63:3-4). Declararé tu «gloria entre las naciones» y tus «maravillas entre todos los pueblos» (Salmo 96:3, NVI). Te adoro en la hermosura de tu santidad y doy la gloria debida a tu nombre (Salmo 29:2).

Me postraré hacia tu santo templo, y alabaré tu
nombre por tu misericordia y tu fidelidad;
porque has engrandecido tu nombre,
y tu palabra sobre todas las cosas.

SALMO 138:2

Notas de la oración

_____
_____
_____
_____
_____
_____
_____
_____
_____
_____
_____
_____
_____

Señor, bendíceme en el trabajo que realizo

Señor, te pido que me muestres qué trabajo se supone que debo hacer. Si es algo distinto a lo que estoy haciendo ahora, revélamelo. Si es algo que debo hacer además de lo que estoy haciendo, muéstramelo también. Lo que sea que me has llamado a hacer, tanto ahora como en el futuro, oro para que me des la fortaleza y la energía para hacerlo bien. Que pueda encontrar realización y satisfacción en cada aspecto del trabajo, aun en lo más difícil y poco placentero. Gracias porque toda labor tiene recompensa de un tipo u otro (Proverbios 14:23).

Bienaventurado todo aquel que teme al Señor,
que anda en sus caminos. Cuando comas del trabajo
de tus manos, dichoso serás y te irá bien.

Salmo 128:1-2, lbla

Notas de la oración

_____

_____

_____

_____

_____

_____

_____

_____

_____

_____

_____

_____

Señor, bendíceme en el trabajo que realizo

Señor, gracias por las habilidades que me diste. Cuando me falte capacidad, ayúdame a crecer y mejorar a fin de que haga bien mi trabajo. Abre puertas de oportunidades para usar mis habilidades y cierra puertas por las que no deba pasar. Dame sabiduría y dirección respecto a esto. Consagro mi trabajo a ti, Señor, sabiendo que tú lo afirmarás (Proverbios 16:3). Que siempre pueda amar el trabajo que hago y que pueda hacerlo con amor. Afirma el trabajo de mis manos para que lo que haga reciba el favor de los demás y sea una bendición para muchos. Que siempre te glorifique a ti.

Sea la gracia del Señor nuestro Dios sobre nosotros.
Confirma, pues, sobre nosotros la obra de nuestras manos;
sí, la obra de nuestras manos confirma.

SALMO 90:17, LBLA

Notas de la oración

_____
_____
_____
_____
_____
_____
_____
_____
_____
_____
_____
_____
_____

Señor, plántame para que pueda llevar el fruto de tu Espíritu

Señor, te pido que plantes el fruto de tu Espíritu en mí y lo hagas florecer. Ayúdame a permanecer en ti, Jesús, a fin de que pueda llevar fruto en mi vida. Espíritu Santo, lléname de nuevo hoy con tu amor de modo que fluya de mí y penetre en la vida de los demás. Tú dijiste en tu Palabra que dejemos «que la paz de Dios gobierne en [nuestros] corazones» (Colosenses 3:15). Te ruego que tu paz gobierne mi corazón y mi mente a tal grado que las personas lo sientan cuando estén cerca de mí. Ayúdame a seguir «lo que contribuye a la paz y a la mutua edificación» (Romanos 14:19).

Mas el fruto del Espíritu es amor, gozo, paz, paciencia,
benignidad, bondad, fidelidad, mansedumbre, dominio
propio; contra tales cosas no hay ley.

GÁLATAS 5:22-23, LBLA

Notas de la oración

_____
_____
_____
_____
_____
_____
_____
_____
_____
_____
_____
_____
_____

Señor, plántame para que pueda llevar el fruto de tu Espíritu

Señor, donde tengas que podarme para que pueda llevar más fruto, me someto a ti. Sé que sin ti no puedo hacer nada. Tú eres la vid y yo soy la rama. Debo permanecer en ti para poder llevar fruto. Gracias por la promesa de que si permanezco en ti y tu Palabra permanece en mí, puedo pedir todo lo que deseo y me será hecho (Juan 15:7). Gracias por tu promesa que dice que si pido, recibiré (Juan 16:24). Que pueda ser como un árbol plantado junto a corrientes de aguas, que da su fruto a su tiempo y su hoja no cae (Salmo 1:3).

Mi Padre es glorificado cuando ustedes
dan mucho fruto y muestran así
que son mis discípulos.

JUAN 15:1-8, NVI

Notas de la oración

_____
_____
_____
_____
_____
_____
_____
_____
_____
_____
_____
_____
_____

Señor, presérvame en pureza y santidad

Señor, tú has dicho en tu Palabra que no nos has llamado a vivir en la impureza, sino en la santidad (1 Tesalonicenses 4:7). Me escogiste para que sea pura y sin mancha delante de ti. Sé que me lavaste y santificaste con la sangre de Cristo (1 Corintios 6:11). Me vestiste de justicia y me permites vestirme del nuevo hombre «en la justicia y santidad de la verdad» (Efesios 4:24). Ayúdame a seguir «lo bueno» (Romanos 12:9) y a mantenerme pura (1 Timoteo 5:22). Señor, ayúdame a separarme de cualquier cosa que no sea santa. No quiero perder mi vida en cosas que no tienen valor.

Dios nos escogió en él antes de la creación
del mundo, para que seamos santos y
sin mancha delante de él. En amor.

Efesios 1:4, nvi

Notas de la oración

_____
_____
_____
_____
_____
_____
_____
_____
_____
_____
_____
_____
_____

Señor, presérvame en pureza y santidad

Señor, ayúdame a examinar mis caminos de modo que pueda regresar a tus caminos en cualquier parte que me extravíe. Permíteme dar el paso que sea necesario a fin de ser pura delante de ti. Quiero ser santa como tú eres santo. Hazme partícipe de tu santidad (Hebreos 12:10), y que mi espíritu, alma y cuerpo sean irreprensibles (1 Tesalonicenses 5:23). Sé que me has llamado a ser pura y santa y que has dicho: «Fiel es el que os llama, el cual también lo hará» (1 Tesalonicenses 5:24). Gracias porque me mantendrás pura y santa con el propósito de que esté preparada por completo para todo lo que tienes para mí.

Bienaventurados los de limpio corazón,
porque ellos verán a Dios.

MATEO 5:8

Notas de la oración

_____
_____
_____
_____
_____
_____
_____
_____
_____
_____
_____
_____
_____
_____

Señor, llévame al propósito para el cual me creaste

Señor, sé que tu plan para mí existe desde antes de que yo lo supiera, y que tú lo cumplirás. Ayúdame a andar como es digno de «los que han sido llamados por Dios» (Efesios 4:1, DHH). Sé que hay un plan trazado para mí y que tengo un destino que cumplir ahora. Ayúdame a vivir con un sentido de propósito y a comprender el llamado que me has dado. Quita cualquier desánimo que pueda sentir y sustitúyelo con el gozo anticipado por lo que estás haciendo por medio de mí. Úsame como tu instrumento para ser determinante de manera positiva en la vida de los que pongas en mi camino.

Por lo tanto, hermanos, esfuércense más todavía por
asegurarse del llamado de Dios, que fue quien los eligió.
Si hacen estas cosas, no caerán jamás.

2 PEDRO 1:10, NVI

Notas de la oración

_____
_____
_____
_____
_____
_____
_____
_____
_____
_____
_____
_____
_____

Señor, llévame al propósito para el cual me creaste

Señor, dame la visión para mi vida. Pongo mi identidad en ti y mi destino en tus manos. Muéstrame si lo que estoy haciendo ahora es lo que se supone que haga. Quiero que lo que estás construyendo en mi vida dure por la eternidad. Sé que «todas las cosas ayudan a bien» a los que te aman y tienen el llamado de acuerdo a tu propósito (Romanos 8:28). Por eso te pido que me muestres con claridad cuáles son los dones y talentos que has puesto en mí. Guíame en el camino que debo ir mientras crezco en ellos. Permíteme que los use de acuerdo a tu voluntad y para tu gloria.

En Cristo también fuimos hechos herederos,
pues fuimos predestinados según el plan de
aquel que hace todas las cosas conforme
al designio de su voluntad.

EFESIOS 1:11, NVI

Notas de la oración

_____
_____
_____
_____
_____
_____
_____
_____
_____
_____
_____
_____
_____
_____

Señor, guíame en todas mis relaciones

Señor, levanto ante ti cada una de mis relaciones y te pido que las bendigas. Te ruego que tu paz reine en ellas y que cada una te glorifique. Ayúdame a elegir mis amistades con sabiduría de modo que no me guíen por mal camino. Dame discernimiento y fortaleza para separarme de cualquiera que no sea una buena influencia. Te entrego todas mis relaciones y oro para que se haga tu voluntad en cada una de ellas. En especial te pido por mi relación con cada uno de mis familiares. Te ruego que traigas sanidad, reconciliación y restauración donde sea necesario. Bendice estas relaciones y fortalécelas.

Dios hace habitar en familia a los desamparados;
saca a los cautivos a prosperidad;
mas los rebeldes habitan en tierra seca.

SALMO 68:6

Notas de la oración

_____
_____
_____
_____
_____
_____
_____
_____
_____
_____
_____
_____
_____

Señor, guíame en todas mis relaciones

Señor, te pido que seas con cualquier relación que tenga con personas que no te conocen. Dame palabras que dirijan sus corazones hacia ti. Ayúdame a ser una luz para ellas. En especial oro por (nombra a algún no creyente o alguien que se apartó del Señor). Ablanda el corazón de esta persona a fin de que abra sus ojos para recibirte y seguirte con fidelidad. También te pido que vengan a mi vida buenas amistades, modelos de conducta y mentores. Envíame personas que hablen la verdad en amor. Te ruego de manera específica que haya mujeres en mi vida que sean confiables, amables, amorosas y fieles. Que ambas seamos capaces de levantar las normas a las que aspiramos.

Quítense de vosotros toda amargura, enojo, ira,
gritería y maledicencia, y toda malicia.
Antes sed benignos unos con otros,
misericordiosos, perdonándoos unos a otros,
como Dios también os perdonó
a vosotros en Cristo.

EFESIOS 4:31-32

Notas de la oración

_____
_____
_____
_____
_____
_____
_____
_____
_____
_____
_____
_____
_____

Señor, guárdame en el centro de tu voluntad

Señor, condúceme a cada paso. Guíame «en tu justicia» y «endereza delante de mí tu camino» (Salmo 5:8). Mientras me acerco y camino en íntima relación contigo cada día, te pido que me lleves donde necesito ir. Al igual que Jesús dijo: «No se haga mi voluntad, sino la tuya» (Lucas 22:42), así te digo: No *mi* voluntad, sino *tu* voluntad sea hecha en mi vida. «El hacer tu voluntad, Dios mío, me ha agradado» (Salmo 40:8). Eres lo más importante para mí. Tu voluntad es más valiosa para mí que mis deseos. Quiero vivir como tu sierva, haciendo tu voluntad de corazón (Efesios 6:6).

No todo el que me dice: «Señor, Señor»,
entrará en el reino de los cielos, sino el que hace
la voluntad de mi Padre que está en los cielos

MATEO 7:21, LBLA

Notas de la oración

_____
_____
_____
_____
_____
_____
_____
_____
_____
_____
_____
_____
_____
_____

Señor, guárdame en el centro de tu voluntad

Señor, ayúdame a escuchar tu voz diciendo: «Este es el camino, ve por él». Háblame desde tu Palabra de modo que pueda comprender. Muéstrame cualquier esfera de mi vida en la que esté desencaminada del todo. Si hay algo que debiera estar haciendo, revélamelo para que pueda corregir mi curso. Solo quiero hacer lo que tú quieres que haga e ir solo a donde tú quieres que vaya. Sé que no debemos dirigir nuestros pasos (Jeremías 10:23). Quiero moverme hacia todo lo que tienes para mí y transformarme en todo para lo que me creaste al caminar en tu perfecta voluntad para mi vida ahora.

Ustedes necesitan perseverar para que,
después de haber cumplido la voluntad de Dios,
reciban lo que él ha prometido.

HEBREOS 10:36, NVI

Notas de la oración

_____

_____

_____

_____

_____

_____

_____

_____

_____

_____

_____

_____

Señor, protégeme a mí y a todos mis seres queridos

Señor, te ruego que tu mano de protección esté sobre mí. Guárdame a salvo de accidentes, enfermedades o de la influencia del diablo. Confío en tu Palabra, la cual me asegura que tú eres mi roca, mi fortaleza, mi libertador, mi escudo, mi fuerte y mi fuerza en quien confío. Quiero habitar a tu abrigo y morar bajo tu sombra (Salmo 91:1). Mantenme bajo el resguardo de tu protección. Ayúdame a no desviarme nunca del centro de tu voluntad, ni del camino que tienes para mí. Permíteme que siempre escuche tu voz que me guía. Envía tus ángeles para que estén a cargo de mí y me guarden en todos mis caminos. Que me lleven en sus brazos, para que ni tropiece siquiera (Salmo 91:12).

Porque has puesto al S<small>EÑOR</small>, que es mi refugio, al Altísimo, por tu habitación. No te sucederá ningún mal, ni plaga se acercará a tu morada.

<small>SALMO 91:9-10, LBLA</small>

Notas de la oración

_____
_____
_____
_____
_____
_____
_____
_____
_____
_____
_____
_____
_____

Señor, protégeme a mí y a todos mis seres queridos

Señor, tú eres mi amparo y fortaleza y «pronto auxilio en las tribulaciones». Por tanto, no temeré, «aunque la tierra sea removida y se traspasen los montes al corazón del mar» (Salmo 46:1-2). Protégeme de los planes de los malos. Cuídame del peligro repentino. «Ten misericordia de mí, oh Dios, ten misericordia de mí; porque en ti ha confiado mi alma, y en la sombra de tus alas me ampararé hasta que pasen los quebrantos» (Salmo 57:1). Gracias porque «en paz me acostaré y así también dormiré; porque solo tú, SEÑOR, me haces habitar seguro» (Salmo 4:8, LBLA). Gracias por tus promesas de protección.

Cuando pases por las aguas, yo estaré contigo;
y si por los ríos, no te anegarán. Cuando pases por el
fuego, no te quemarás, ni la llama arderá en ti.

ISAÍAS 43:2

Notas de la oración

_____
_____
_____
_____
_____
_____
_____
_____
_____
_____
_____
_____
_____
_____

Señor, dame sabiduría para tomar buenas decisiones

Señor, te pido que me des tu sabiduría y entendimiento en todas las cosas. Sé que la sabiduría es mejor que el oro y el conocimiento mejor que la plata (Proverbios 16:16), así que hazme rica en sabiduría y próspera en entendimiento. Gracias porque tú das «la sabiduría a los sabios, y la ciencia a los entendidos» (Daniel 2:21). Aumenta mi sabiduría y mi conocimiento de modo que sea capaz de ver tu verdad en cada situación. Dame discernimiento para cada decisión que debo tomar. Por favor, ayúdame a buscar siempre el consejo piadoso y a no mirar al mundo y la gente impía por respuestas. Gracias, Señor, porque tú me darás el consejo y la instrucción que necesito, aun mientras duermo.

La boca del justo habla sabiduría,
y su lengua habla justicia. La ley de su Dios
está en su corazón; por tanto,
sus pies no resbalarán.

SALMO 37:30-31

Notas de la oración

Señor, dame sabiduría para tomar buenas decisiones

Señor, tú dijiste en tu Palabra que eres el que provees de sana sabiduría a los rectos (Proverbios 2:7). Ayúdame a caminar en rectitud, como es debido, y obedeciendo tus mandamientos. Que nunca sea sabia a mis propios ojos, sino que te tema siempre a ti. Guárdame alejada del mal de modo que pueda reclamar la salud y la fortaleza que promete tu Palabra (Proverbios 3:7-8). Dame la sabiduría, el conocimiento, el entendimiento, la dirección y el discernimiento que necesito para mantenerme lejos del mal camino a fin de que sea capaz de caminar segura y sin tropezar (Proverbios 2:10-13). Señor, sé que en ti están «escondidos todos los tesoros de la sabiduría y del conocimiento» (Colosenses 2:3). Ayúdame a descubrir esos tesoros.

Con sabiduría se edificará la casa, y con prudencia
se afirmará; y con ciencia se llenarán las cámaras
de todo bien preciado y agradable.

PROVERBIOS 24:3-4

Notas de la oración

_____
_____
_____
_____
_____
_____
_____
_____
_____
_____
_____
_____

Señor, libérame de cualquier obra del diablo

Señor, gracias porque has prometido que «el Señor me librará de toda obra mala, y me preservará para su reino celestial» (2 Timoteo 4:18). Sé que «no tenemos lucha contra sangre y carne, sino contra principados, contra potestades, contra los gobernadores de las tinieblas de este siglo, contra huestes espirituales de maldad en las regiones celestes» (Efesios 6:12). Gracias porque pusiste a todos estos enemigos bajo tus pies (Efesios 1:22), y «nada hay encubierto, que no haya de ser manifestado; ni oculto, que no haya de saberse» (Mateo 10:26). «En tu mano están mis tiempos; líbrame de la mano de mis enemigos y de mis perseguidores» (Salmo 31:15).

Por cuanto en mí ha puesto su amor,
yo también lo libraré; le pondré en alto,
por cuanto ha conocido mi nombre.

SALMO 91:14

Notas de la oración

_____
_____
_____
_____
_____
_____
_____
_____
_____
_____
_____
_____
_____

Señor, libérame de cualquier obra del diablo

Señor, te pido que me liberes de cualquier cosa que me ate o me separe de ti. En especial te pido que me liberes de (nombra una esfera específica de tu vida en la que quieras liberación). Donde haya abierto la puerta al enemigo con mis propios deseos, me arrepiento de eso. En el nombre de Jesús, te pido que derribes por completo cada fortaleza que el enemigo erija a mi alrededor. Cambia las tinieblas en luz delante de mí y el camino escabroso en llanura (Isaías 42:16). Sé que el que comenzó en mí la buena obra la perfeccionará (Filipenses 1:6). Dame paciencia para no darme por vencida y la fortaleza para permanecer firme en tu Palabra.

Invócame en el día de la angustia; te libraré,
y tú me honrarás.

SALMO 50:15

Notas de la oración

_____
_____
_____
_____
_____
_____
_____
_____
_____
_____
_____
_____

Señor, libérame de emociones negativas

Señor, ayúdame a vivir en tu paz y en tu gozo. Dame la fortaleza y el entendimiento para resistir la ansiedad, el enojo, la envidia, la depresión, la amargura, la desesperación, la soledad, el temor y la culpa. Rescátame cuando sienta que «en mí languidece mi espíritu», que «mi corazón está consternado dentro de mí» (Salmo 143:4, LBLA). Me niego a que mi vida se venga abajo por emociones negativas como estas. Cuando esté tentada a ceder ante ellas, muéstrame tu verdad. Tú dijiste en tu Palabra que con paciencia ganaremos nuestra alma (Lucas 21:19). Dame paciencia a fin de que logre hacer esto. Ayúdame a guardar mi corazón «con toda diligencia» porque sé que «de él brotan los manantiales de la vida» (Proverbios 4:23, LBLA).

Claman los justos, y Jehová oye, y los libra de todas sus angustias. Cercano está Jehová a los quebrantados de corazón; y salva a los contritos de espíritu.

SALMO 34:17-18

Notas de la oración

_____
_____
_____
_____
_____
_____
_____
_____
_____
_____
_____
_____
_____
_____

Señor, libérame de emociones negativas

Señor, ayúdame a no ser insegura ni egocéntrica para que no pierda las oportunidades de enfocarme en ti y extender tu amor. Que pueda ser sensible a las necesidades, las pruebas y las debilidades de los demás y no hipersensible a las mías. Lo que lograste en la cruz es la fuente de mi mayor gozo. Ayúdame a concentrarme en esto. Gracias, Señor, que te llamo en mi angustia. «Por la mañana hazme oír tu misericordia, porque en ti confío; enséñame el camino por el que debo andar, pues a ti elevo mi alma» (Salmo143:3-8, LBLA).

Que el gozo de conocerte llene mi corazón con felicidad y paz.

No se inquieten por nada; más bien, en toda ocasión, con oración y ruego, presenten sus peticiones a Dios y denle gracias. Y la paz de Dios, que sobrepasa todo entendimiento, cuidará sus corazones y sus pensamientos en Cristo Jesús.

FILIPENSES 4:6-7, NVI

Notas de la oración

_____
_____
_____
_____
_____
_____
_____
_____
_____
_____
_____
_____
_____

Señor, consuélame en tiempo de problemas

Señor, ayúdame a recordar que por muy oscura que sea mi situación, tú eres la luz de mi vida y nunca te apagas. Que por muy oscuras que sean las nubes que cubran mi vida, te levantarás por encima de la tormenta y en el consuelo de tu presencia. Solo tú puedes tomar cualquier pérdida que experimente y llenar ese espacio vacío con bien. Solo tú puedes eliminar mi sufrimiento y dolor y secar mis lágrimas. «Respóndeme cuando clamo, oh Dios de mi justicia. Cuando estaba en angustia, tú me hiciste ensanchar; ten misericordia de mí, y oye mi oración» (Salmo 4:1). Quiero permanecer firme en tu verdad y no que me arrastren las emociones.

Bienaventurados los pobres en espíritu,
porque de ellos es el reino de los cielos.
Bienaventurados los que lloran,
porque ellos recibirán consolación.

MATEO 5:3-4

Notas de la oración

_____
_____
_____
_____
_____
_____
_____
_____
_____
_____
_____

Señor, consuélame en tiempo de problemas

Señor, ayúdame a recordar darte gracias en todas las cosas, sabiendo que tú reinas en medio de ellas. Sé que cuando pase por las aguas, tú estarás conmigo y los ríos no me anegarán. Cuando pase por el fuego no me quemaré, ni la llama arderá en mí (Isaías 43:1-2). Te pido que tú, oh Dios de esperanza, me llenes de gozo, paz y fe para que abunde «en esperanza por el poder del Espíritu Santo» (Romanos 15:13). Gracias porque enviaste a tu Espíritu Santo para ser mi Consolador y mi Ayudador. Por favor, recuérdamelo en medio de los tiempos difíciles.

Mas el Dios de toda gracia, que nos llamó a su gloria
eterna en Jesucristo, después que hayáis padecido
un poco de tiempo, él mismo os perfeccione,
afirme, fortalezca y establezca.

1 PEDRO 5:10

Notas de la oración

_____
_____
_____
_____
_____
_____
_____
_____
_____
_____
_____
_____
_____

Señor, permíteme resistir la tentación del pecado

Señor, no permitas que caiga en tentación, sino líbrame del maligno y sus planes para mi caída. En el nombre de Jesús, rompo cada atadura que la tentación tenga sobre mí. Mantenme firme y permite que resista cualquier cosa que quizá me tiente a alejarme de todo lo que tú tienes para mí. Te ruego que no tenga pensamientos secretos en los que albergue deseos impíos para hacer o decir algo que no debo. Te pido que no tenga una vida secreta donde haga cosas que me avergonzaría que otros vieran. No quiero participar en las obras infructuosas de las tinieblas. En su lugar, ayúdame a ponerlas al descubierto (Efesios 5:11).

Dichoso el que resiste la tentación porque, al salir
aprobado, recibirá la corona de la vida que Dios ha
prometido a quienes lo aman.

Santiago 1:12, nvi

Notas de la oración

_____
_____
_____
_____
_____
_____
_____
_____
_____
_____
_____
_____
_____
_____
_____

Señor, permíteme resistir la tentación del pecado

Señor, ayúdame a guardar en mi corazón tu Palabra a fin de que vea con claridad y no peque contra ti de ninguna manera (Salmo 119:11). Gracias, Señor, porque estás cerca de todos los que te invocan, y cumples el deseo de los que te temen. Gracias porque tú escuchas mi clamor y me salvarás de cualquier debilidad que pudiera alejarme de todo lo que tienes para mí (Salmo 145:18-19). Gracias porque tú sabes como «librar de tentación a los piadosos» (2 Pedro 2:9). Gracias porque me librarás de toda tentación y la mantendrás lejos de mí.

No os ha sobrevenido ninguna tentación
que no sea humana; pero fiel es Dios, que no os dejará
ser tentados más de lo que podéis resistir, sino que dará
también juntamente con la tentación la salida,
para que podáis soportar.

1 CORINTIOS 10:13

Notas de la oración

_____
_____
_____
_____
_____
_____
_____
_____
_____
_____
_____
_____

Señor, sáname y ayúdame a cuidar mi cuerpo

Señor, te doy gracias porque eres mi Sanador. Te busco para que me sanes cada vez que estoy enferma o herida. Te pido que me fortalezcas y me sanes hoy. En especial, te ruego por (nombra cualquier esfera en que necesites la sanidad del Señor). Sáname para que se cumpla «lo dicho por el profeta Isaías, cuando dijo: Él mismo tomó nuestras enfermedades, y llevó nuestras dolencias» (Mateo 8:17). Tú sufriste, moriste y te sepultaron por mí, a fin de que tuviera sanidad, perdón y vida eterna. Por tus heridas me sanaste (1 Pedro 2:24). En tu presencia puedo extender mi mano y tocarte y que a su vez tú me toques.

Sáname, oh Señor, y seré sanado;
sálvame y seré salvo, porque tú
eres mi alabanza.

JEREMÍAS 17:14, LBLA

Notas de la oración

_____
_____
_____
_____
_____
_____
_____
_____
_____
_____
_____
_____

Señor, sáname y ayúdame a cuidar mi cuerpo

Señor, quiero que todo lo que haga te glorifique a ti. Ayúdame a ser una buena administradora del cuerpo que me has dado. Enséñame y ayúdame a aprender. Dirígeme hacia personas que me ayuden y aconsejen. Permíteme seguir sus sugerencias y consejos. Cuando esté enferma y necesite ver a un médico, muéstrame qué médico ver y dale la sabiduría de cómo tratarme. Permíteme disciplinar y poner en servidumbre a mi cuerpo (1 Corintios 9:27). Sé que mi cuerpo es templo de tu Espíritu Santo, que mora en mí. Ayúdame a comprender esta verdad por completo de modo que logre mantener mi templo limpio y saludable.

En conclusión, ya sea que coman
o beban o hagan cualquier otra cosa,
háganlo todo para la gloria de Dios.

1 Corintios 10:31, nvi

Notas de la oración

_____
_____
_____
_____
_____
_____
_____
_____
_____
_____
_____
_____

Señor, líbrame de temores impíos

Señor, tú eres mi luz y mi salvación. Eres la fortaleza de mi vida. Entonces, ¿de quién temeré? (Salmo 27:1). Seré fuerte y valiente porque sé que tú estarás conmigo en dondequiera que vaya (Josué 1:9). Líbrame de todo temor impío, pues sé que el miedo nunca es de ti. Te pido que guardes mi mente y mi corazón del espíritu de temor. Si experimento sentimientos de temor, te ruego que los sustituyas con tu perfecto amor. Si he quitado mi mente de ti y la he puesto en mis circunstancias, ayúdame a revertir ese proceso a fin de que mi mente esté fuera de mis circunstancias y esté en ti.

Porque no nos ha dado Dios espíritu
de cobardía, sino de poder, de amor
y de dominio propio.

2 TIMOTEO 1:7

Notas de la oración

_____
_____
_____
_____
_____
_____
_____
_____
_____
_____
_____
_____
_____

Señor, líbrame de temores impíos

Señor, tu Palabra dice que pondrás temor en el corazón de las personas y que no te volverás atrás de hacerles bien (Jeremías 32:40). Te pido que hagas esto por mí. Sé que no me has dado espíritu de temor, así que lo rechazo y en su lugar reclamo el poder, el amor y el sano juicio que tienes para mí. «¡Cuán grande es tu bondad, que has guardado para los que te temen, que has mostrado a los que esperan en ti, delante de los hijos de los hombres!» (Salmo 31:19). Debido a que he recibido un reino inconmovible, permite que demuestre gratitud, mediante la cual ofrezca a Dios un servicio aceptable con temor y reverencia todos los días de mi vida (Hebreos 12:28, LBLA).

Enséñame, oh Señor, tu camino;
andaré en tu verdad; unifica mi corazón
para que tema tu nombre.

Salmo 86:11, lbla

Notas de la oración

_____
_____
_____
_____
_____
_____
_____
_____
_____
_____
_____
_____
_____

Señor, úsame para influir en la vida de otros

Señor, ayúdame a servirte de la manera en que tú quieres que lo haga. Revélame cualquier esfera de mi vida donde deba estar dándole a alguien ahora mismo. Abre mis ojos para ver la necesidad. Dame un corazón generoso para darle al pobre. Ayúdame a ser una buena administradora de las bendiciones que me has dado al compartir lo que tengo con otros. Muéstrame a quién quieres que le extienda mi mano en este momento. Lléname con tu amor por todas las personas, y ayúdame a comunicarlo de una manera en que se perciba con claridad. Úsame para influir en la vida de otros con la esperanza que hay en mí.

En esto hemos conocido el amor,
en que él puso su vida por nosotros; también
nosotros debemos poner nuestras vidas
por los hermanos.

1 JUAN 3:16

Notas de la oración

_____

_____

_____

_____

_____

_____

_____

_____

_____

_____

_____

_____

_____

Señor, úsame para influir en la vida de otros

Señor, muéstrame qué quieres que haga hoy para bendecir a otros. No quiero verme tan enfrascada en mi propia vida que no vea la oportunidad para ministrar tu vida a esos que me rodean. Muéstrame lo que quieres que haga y permíteme hacerlo. Dame todo lo que necesito para ministrar vida, esperanza, ayuda y sanidad a otros. Hazme una de tus fieles intercesoras y enséñame cómo orar con poder. Ayúdame a distinguirme en el mundo porque tú obras por medio de mí a fin de influir en las vidas para tu gloria. Que mi mayor tesoro sea siempre servirte a ti.

Cada uno según el don que ha recibido,
minístrelo a los otros, como buenos administradores
de la multiforme gracia de Dios.

1 PEDRO 4:10

Notas de la oración

_____
_____
_____
_____
_____
_____
_____
_____
_____
_____
_____
_____
_____
_____

Señor, capacítame para hablar solo palabras que traigan vida

Señor, ayúdame a ser una persona que diga palabras que edifiquen y no que destruyan. Ayúdame a hablar vida, y no muerte, en las situaciones y las personas que me rodean. Llena cada día mi corazón con tu Espíritu Santo de modo que tu amor y tu bondad fluyan desde mi corazón y mis labios. Ayúdame a hablar solo de cosas que sean verdaderas, respetables, justas, puras, amables, dignas de admiración, excelentes y que merezcan elogio. Espíritu Santo de verdad, guíame a toda verdad. «Sean gratas las palabras de mi boca y la meditación de mi corazón delante de ti, oh Señor, roca mía y redentor mío» (Salmo 19:14, lbla). Que cada palabra que hable refleje tu pureza y amor.

Los labios justos son el contentamiento
de los reyes, y estos aman al
que habla lo recto.

PROVERBIOS 16:13

Notas de la oración

_____
_____
_____
_____
_____
_____
_____
_____
_____
_____
_____
_____
_____

Señor, capacítame para hablar solo palabras que traigan vida

Señor, tu Palabra dice que «del hombre son los propósitos del corazón, mas del SEÑOR es la respuesta de la lengua» (Proverbios 16:1, LBLA). Prepararé mi corazón al estar en tu Palabra cada día y obedecer tus leyes. Prepararé mi corazón al adorarte y darte gracias en todas las cosas. Llena mi corazón con amor, paz y gozo a fin de que fluyan por mi boca. Te ruego que me des las palabras que debo decir cada vez que hable. Y cuando lo haga, dame palabras que traigan vida y edificación.

Panal de miel son las palabras agradables,
dulces al alma y salud para los huesos.

PROVERBIOS 16:24, LBLA

Notas de la oración

_____
_____
_____
_____
_____
_____
_____
_____
_____
_____
_____
_____

Señor, transfórmame en una mujer de fe que mueve montañas

Señor, aumenta mi fe. Enséñame cómo andar «por fe, no por vista» (2 Corintios 5:7, NVI). Dame la fortaleza para permanecer firme en tus promesas y creer cada una de tus palabras. Sé que «la fe es por el oír, y el oír, por la palabra de Dios» (Romanos 10:17). Haz que mi fe crezca cada vez que oiga o lea tu Palabra. Aumenta mi fe a fin de que pueda orar con poder. Ayúdame a creer que tus promesas se cumplirán en mí. Te pido que la prueba de mi fe, la cual es más preciosa que el oro que perece, aunque se prueba por fuego, te glorifique a ti, Señor (1 Pedro 1:7, LBLA).

Si tenéis fe como un grano de mostaza,
diréis a este monte: «Pásate de aquí allá»,
y se pasará; y nada os será imposible.

MATEO 17:20, LBLA

Notas de la oración

_____
_____
_____
_____
_____
_____
_____
_____
_____
_____
_____
_____
_____

Señor, transfórmame en una mujer de fe que mueve montañas

Señor, sé que «la fe es la certeza de lo que se espera, la convicción de lo que no se ve» (Hebreos 11:1, LBLA). Sé que soy salva «mediante la fe» y que es un regalo tuyo (Efesios 2:8, NVI). Ayúdame a tomar el «escudo de la fe» para «apagar todos los dardos de fuego del maligno» (Efesios 6:16). Sé que «todo lo que no proviene de fe, es pecado» (Romanos 14:23). Ante ti confieso cualquier duda que tenga como pecado y te pido que me perdones. No quiero impedir lo que quieres hacer en mí y por medio de mí debido a la duda. Aumenta mi fe cada día de modo que sea capaz de mover montañas en tu nombre.

Justificados, pues, por la fe, tenemos
paz para con Dios por medio de
nuestro Señor Jesucristo.

ROMANOS 5:1

Notas de la oración

_____
_____
_____
_____
_____
_____
_____
_____
_____
_____
_____
_____

Señor, cámbiame a la imagen de Cristo

Señor, quiero cambiar y te pido que esos cambios comiencen hoy. Sé que no puedo cambiarme de ninguna manera que sea significativa o duradera, pero mediante el poder transformador de tu Santo Espíritu todas las cosas son posibles. Dame, de acuerdo a tus riquezas en gloria, el ser fortalecida por el poder de tu Espíritu en mi ser interior (Efesios 3:16). Transfórmame a tu semejanza. Sé que tu suplirás todo lo que me falta de acuerdo a tus riquezas en Cristo Jesús (Filipenses 4:19). Ayúdame a estar apartada del mundo sin llegar a estar aislada de él. Que tu amor manifestado en mí sea un testigo de tu grandeza.

Con Cristo estoy juntamente crucificado,
y ya no vivo yo, mas vive Cristo en mí;
y lo que ahora vivo en la carne, lo vivo
en la fe del Hijo de Dios, el cual me amó
y se entregó a sí mismo por mí.

GÁLATAS 2:20

Notas de la oración

_____
_____
_____
_____
_____
_____
_____
_____
_____
_____
_____
_____
_____

Señor, cámbiame a la imagen de Cristo

Señor, enséñame a amar a otros de la manera que lo haces tú. Ablanda mi corazón donde se ha endurecido. Renuévame donde me he dañado. Guíame e instrúyeme donde soy incapaz de aprender. Permite que sea fiel, generosa y obediente como lo fue Jesús. Donde me resista al cambio, ayúdame a confiar en tu obra en mi vida. Que tu luz brille tanto en mí que me transforme en una luz para todos los que me conozcan. Que no sea yo, sino tú el que viva en mí (Gálatas 2:20). Hazme tan semejante a Cristo que cuando la gente me vea, quiera conocerte mejor.

El Espíritu mismo da testimonio a nuestro espíritu,
de que somos hijos de Dios. Y si hijos, también herederos;
herederos de Dios y coherederos con Cristo,
si es que padecemos juntamente con él, para que
juntamente con él seamos glorificados.

ROMANOS 8:16-17

Notas de la oración

_____
_____
_____
_____
_____
_____
_____
_____
_____
_____
_____
_____
_____

Señor, libérame de mi pasado

Señor, te pido que me liberes de mi pasado. Cada vez que haga del pasado mi hogar, te ruego que me liberes, me sanes y me redimas de él. Ayúdame a soltar cualquier cosa de mi pasado a la que me haya aferrado y que me impida avanzar hacia todo lo que tienes para mí. Permíteme eliminar todas las pasadas maneras de pensar, sentir y recordar (Efesios 4:22-24). Dame la mente de Cristo a fin de que logre comprender cuándo me controlan los recuerdos de los hechos del pasado. No quiero que me controlen los hechos del pasado. Te entrego mi pasado y a cualquiera asociado con él a fin de que restaures lo que se ha perdido.

De modo que si alguno está en Cristo,
nueva criatura es; las cosas viejas pasaron;
he aquí todas son hechas nuevas.

2 CORINTIOS 5:17

Notas de la oración

_____
_____
_____
_____
_____
_____
_____
_____
_____
_____
_____
_____
_____

Señor, libérame de mi pasado

Señor, alégrame conforme a los días que me afligiste y a los años en que he visto el mal (Salmo 90:15). Gracias porque haces nuevas todas las cosas y me estás haciendo nueva de todas las maneras (Apocalipsis 21:5). Ayúdame a mantener mis ojos mirando hacia delante y a perdonar lo que necesite perdonar. Sé que hoy quieres hacer algo nuevo en mi vida. Ayúdame a concentrarme en el lugar al que voy ahora y no en el lugar que he estado. Libérame del pasado a fin de que logre abandonarlo y me adentre en el futuro que tienes para mí.

Olviden las cosas de antaño; ya no vivan en el pasado.
¡Voy a hacer algo nuevo! Ya está sucediendo,
¿no se dan cuenta? Estoy abriendo un camino
en el desierto, y ríos en lugares desolados.

ISAÍAS 43:18-19, NVI

Notas de la oración

_____

_____

_____

_____

_____

_____

_____

_____

_____

_____

_____

_____

Señor, guíame hacia el futuro que tienes para mí

Señor, pongo mi futuro en tus manos y te pido que me des completa paz al respecto. Quiero estar en el centro de tus planes para mi vida, sabiendo que me has dado todo lo que necesito para lo que se avecina. Te ruego que me des fortaleza para soportar sin darme por vencida. Tú has dicho que «el que persevere hasta el fin, este será salvo» (Mateo 10:22). Ayúdame a correr la carrera de tal manera que termine fortalecida y reciba el premio que tienes para mí (1 Corintios 9:24). Ayúdame a velar siempre en oración, pues no sé cuándo será el fin de mi vida (1 Pedro 4:7).

Mas la senda de los justos es como la luz
de la aurora, que va en aumento
hasta que el día es perfecto.

PROVERBIOS 4:18

Notas de la oración

_____
_____
_____
_____
_____
_____
_____
_____
_____
_____
_____
_____
_____
_____

Señor, guíame hacia el futuro que tienes para mí

Señor, sé que tus pensamientos hacia mí son de paz, a fin de darme un futuro y una esperanza (Jeremías 29:11). Sé que me has salvado y me llamaste con un llamamiento santo, no conforme a mis obras, sino de acuerdo a tu propósito y gracia (2 Timoteo 1:9). Espíritu Santo, gracias porque estás siempre conmigo y me guiarás en el sendero para que no pierda mi camino. Llévame hacia un ministerio poderoso que influya en las vidas de otros para tu reino y tu gloria. Extiendo hoy mi mano hacia la tuya a fin de caminar contigo hacia el futuro que tienes para mí.